QUELQUES INDICATIONS

POUR

LE COMBAT

QUELQUES INDICATIONS

POUR

LE COMBAT

PAR

M. le Général FERRON

4e ÉDITION

MISE A JOUR AVEC L'EMPLOI DE LA POUDRE SANS FUMÉE

PARIS

LIBRAIRIE MILITAIRE DE L. BAUDOIN

IMPRIMEUR-ÉDITEUR

30, Rue et Passage Dauphine, 30

1891

AVANT-PROPOS

A son arrivée au Ministère, M. le général Campenon a prescrit de soumettre à son approbation une *Instruction sommaire pour le combat*.

Cette instruction sera insérée dans le nouveau règlement sur le service des armées en campagne, mais elle ne contiendra que des prescriptions générales qui seront peut-être insuffisantes pour un certain nombre d'officiers.

C'est pour obvier à cet inconvénient que ces lignes ont été écrites. Les indications qu'elles contiennent ont été puisées dans les règlements et les ouvrages de tactique publiés par les hommes les plus compétents en France et à l'étranger.

Paris, le 20 octobre 1883.

L'accueil bienveillant fait à ce modeste travail engage l'éditeur à en demander une nouvelle édition.

Nous la dédions aux jeunes officiers ; c'est surtout pour eux que nous avons condensé les règles générales du combat, qui sont trop disséminées dans nos règlements.

Dans cette édition, il a été tenu compte de l'emploi de la poudre sans fumée.

Gal **FERRON.**

Bordeaux, Janvier 1891.

QUELQUES INDICATIONS

POUR LE COMBAT

Il n'est pas possible de *préciser* la manière dont les troupes doivent être disposées pour le combat.

La disposition à adopter dans chaque circonstance varie avec les forces relatives et l'espèce des troupes opposées, avec leur état moral, la nature du terrain sur lequel elles combattent, enfin avec le but à atteindre.

Toutefois, on peut donner *des règles générales* que chaque officier doit s'efforcer d'observer dans toutes les circonstances de la guerre.

C'est l'indication de ces règles qui fait l'objet de la présente note.

FORMATIONS.

Bien que le règlement sur les manœuvres d'infanterie fasse connaître les formations diverses des troupes de cette arme, comme il ne distingue pas toujours suffisamment le cas de l'*offensive* et de la *défensive*, du *combat démonstratif* et du *combat décisif*, il est nécessaire de rappeler les prescriptions suivantes :

Bataillons de première ligne. — La formation du bataillon de première ligne avec deux compagnies accolées sur la ligne de combat et deux compagnies en réserve est spéciale à l'*offensive*. Mais elle n'est pas absolue; souvent dans l'offensive, principalement aux avant-gardes, les commandants de bataillon déploieront trois compagnies sur la ligne de combat, et en conserveront une seule en réserve.

Dans la *défensive*, où il importe d'obtenir à la fois un grand développement et une grande intensité de feux, la ligne de combat dans chaque bataillon *encadré* doit être généralement formée par *trois compagnies*.

Dans chacune d'elles, *trois sections sont sur la chaîne : la quatrième est en soutien.*

La réserve du bataillon ne comprend alors *qu'une compagnie.*

Si le bataillon est *isolé*, qu'il soit exposé à l'attaque de forces supérieures et qu'il y ait incertitude au sujet de la direction de l'attaque décisive de l'ennemi, sa *formation d'attente* ne devra comporter que deux compagnies de *première ligne.*

Les deux autres seront tenues en réserve derrière les flancs.

Dans l'*offensive*, eu égard aux difficultés de la marche en formation de combat et à la nécessité d'assurer jusqu'au dernier moment la densité de la chaîne de tirailleurs, le front d'action d'un bataillon de première ligne, *encadré*, comptant 800 fusils, ne sera généralement pas supérieur à 400 *mètres.*

Pour que le bataillon reste le mieux dans la main de son chef dans la marche en avant, la profondeur totale de sa formation ne doit pas dépasser certaine limite variable avec la nature du terrain.

En aucun cas cette limite ne dépasse 500 *mètres.*

La distance entre les divers échelons du bataillon, *doit diminuer* au fur et à mesure des progrès de l'attaque.

Dans la *défensive*, le front de combat d'un bataillon de 800 fusils peut être étendu jusqu'à 500 *mètres* avec trois compagnies en chaîne et une compagnie en réserve, chaque compagnie de la chaîne ayant une section en soutien.

Si la position occupée par le bataillon dans la ligne de bataille est naturellement forte, et si sa défense doit être *purement passive*, on pourra développer trois compagnies en chaîne sans soutien. Le front de combat du bataillon de 800 fusils sera alors de **600** *mètres*.

Dans la *défensive*, la distance entre les divers échelons du bataillon doit être moindre que dans l'*offensive*.

Régiment de première ligne. — La formation d'un régiment de première ligne varie suivant qu'il est *encadré* ou placé *à l'extrémité d'une ligne de bataille* et qu'il doit livrer un *combat démonstratif* ou un *combat décisif*.

Dans un combat *démonstratif*, le régiment encadré a généralement deux bataillons en formation de combat, le troisième bataillon en seconde ligne, à 300 ou 400 mètres derrière les compagnies de réserve des bataillons de première ligne.

Suivant les circonstances, il peut aussi avoir les trois bataillons en formation de combat sur la première ligne, par exemple lorsqu'il s'agit de menacer l'ennemi sur un grand front pour l'obliger à démasquer par des feux sa position ou ses projets.

S'il s'agit *d'un combat décisif*, le régiment encadré ne doit jamais avoir plus de deux bataillons en formation de combat ; le troisième bataillon est tenu à 300 ou 400 mètres en arrière des compagnies de réserve des deux premiers.

Qu'il s'agisse d'un *combat démonstratif* ou d'un *combat*

décisif, si le régiment se trouve à l'extrémité d'une ligne de bataille, généralement un seul bataillon prend la formation de combat.

Pour protéger le flanc, les deux autres bataillons sont échelonnés en arrière de l'aile extérieure de la ligne de bataille.

Brigade. — Dans l'*offensive*, la brigade en formation de combat est habituellement disposée par *régiments accolés*.

Dans la *défensive*, elle pourra être également formée par régiments accolés, mais cette formation est moins absolue que pour l'offensive, surtout si la brigade est isolée. Dans ce cas, l'un des régiments peut être déployé en entier sur le front ; l'autre régiment, placé en seconde ligne, formera la réserve et exécutera les contre-attaques.

Division. — Dans l'*offensive*, la division adoptera généralement la formation par *brigades accolées*.

Mais dans la *défensive*, surtout si la division est isolée, une brigade entière pourra être déployée sur le front pour constituer la première et la deuxième ligne ; la seconde brigade, tenue en arrière, sera chargée des contre-attaques.

Attaques de front et attaques de flanc. — En raison de la puissance défensive considérable que donnent à l'infanterie les armes de petit calibre à trajectoire tendue et la poudre sans fumée, *les attaques de front*, même fortement préparées par l'artillerie, auront peu de chances de succès contre des troupes disciplinées, bien postées et approvisionnées de cartouches.

Presque toujours, l'attaque de front devra être combinée avec une *attaque de flanc*, en évitant toutefois, avec le plus grand soin, les mouvements débordants trop étendus.

Autant que possible, le mouvement débordant dirigé contre l'aile d'une ligne de bataille ne doit pas s'effectuer à plus de 2,500 mètres de cette aile.

Un quart environ des troupes d'infanterie peut être employé au combat démonstratif; *la moitié* au combat décisif (attaque de front et de flanc), la réserve varie du *quart* au *sixième*.

Généralement, les troupes d'avant-garde sont chargées du combat démonstratif.

Suivant les circonstances de la lutte, le combat démonstratif est *traînant* ou *conduit avec une grande énergie*, afin de retenir l'ennemi sur le front et de l'empêcher de modifier la répartition de ses forces.

Par exemple : s'il s'agit d'un *bataillon isolé*, une compagnie sera consacrée au *combat démonstratif*, deux au *combat décisif*; la quatrième sera en *réserve*.

Dans un *régiment*, un bataillon pourra être affecté au *combat démonstratif*, un bataillon et demi au *combat décisif*; deux compagnies en *réserve*.

Dans le *combat offensif* de la brigade isolée, les deux premiers bataillons du premier régiment sont généralement consacrés au *combat démonstratif*, le deuxième régiment au *combat décisif*; le troisième bataillon du premier régiment sera tenu en *réserve*.

Le bataillon intérieur du *combat démonstratif* déploie trois compagnies en chaîne, avec une section en soutien dans chacune d'elles; la quatrième compagnie forme la réserve du bataillon.

Le bataillon extrème du *combat démonstratif* se forme
en échelons sur deux ou trois lignes prètes à prolonger la
chaîne ou à faire face à une attaque de flanc.

Avec la poudre sans fumée, le régiment chargé de l'attaque décisive (*attaque de front et attaque enveloppante*)
dans le combat de la brigade isolée, pourra être fractionné
de la manière suivante :

Un bataillon sera consacré à l'attaque de front; son
action sera principalement une *action de feux*.

Un bataillon exécutera l'attaque enveloppante avec deux
compagnies en chaîne et deux compagnies échelonnées pour
protéger le flanc extérieur. Son action sera également une
action de feux.

Le troisième bataillon sera *bataillon d'assaut*; il sera
disposé en profondeur, les quatre compagnies déployées
les unes derrière les autres, à la distance de 100 mètres
environ.

Le bataillon d'assaut s'avancera généralement dans le
secteur compris entre l'attaque de front et l'attaque enveloppante, sa compagnie de tête à 400 ou 500 mètres en
arrière de la chaîne. Après les feux violents d'infanterie, il
marchera rapidement à l'assaut en entraînant avec lui les
bataillons de feux de l'attaque décisive.

Pendant l'assaut, le bataillon, *réserve de la brigade*, se
tient en arrière de l'attaque décisive à 1,000 mètres environ de la chaîne, prêt à repousser l'ennemi, de concert avec
les bataillons du combat démonstratif si l'assaut venait à
échouer, ou à commencer la poursuite avec la cavalerie.

Dans ces conditions, le *front de combat* de la brigade
isolée, avec trois batteries, pourra atteindre 1.200 mètres.

Dans la *défensive offensive*, la brigade isolée peut

déployer quatre ou trois bataillons en première ligne et en conserver deux ou trois en deuxième ligne et en réserve pour exécuter les contre-attaques et prendre l'offensive.

Son front de combat peut alors atteindre 2,400 *mètres* (1).

Dans le *combat offensif* de la division isolée, le régiment d'avant-garde est généralement employé au *combat démonstratif*, avec deux bataillons en première ligne et un en deuxième ligne, échelonné derrière l'aile extérieure ; la deuxième brigade livre le *combat décisif;* le deuxième régiment de la première brigade forme la *réserve*.

Dans le combat décisif, deux bataillons peuvent être consacrés à l'attaque enveloppante, deux à l'attaque de front (action de feux) et deux à l'assaut.

L'artillerie divisionnaire est avantageusement placée entre le régiment qui livre le combat démonstratif et la brigade qui livre le combat décisif.

Dans cette position, elle est bien protégée et peut tirer plus longtemps sans être gênée par le mouvement offensif de l'infanterie.

Le régiment d'infanterie qui forme la *réserve* est habituellement tenu en arrière du combat décisif de front, afin d'être prêt à concourir à l'action décisive ou à soutenir le combat démonstratif et à le transformer, s'il y a lieu, en combat décisif (2).

En supposant que les deux bataillons qui livrent le combat démonstratif occupent un front de 900 mètres, le *front*

---

(1) Le 16 août 1870, les quatre brigades du III⁰ corps allemand, pour résister aux efforts de l'armée française, avaient été disposées sur une seule ligne, chaque brigade occupant un front de 2,400 mètres.

(2) Cette formation rationnelle a toujours été employée par les Allemands dans les combats de la guerre 1870-1871.

de combat de la division, avec ses six batteries et des bataillons de 800 fusils, sera de **2,500** *mètres* environ pour le *combat offensif*, l'artillerie tirant par-dessus les chaînes d'infanterie.

Dans la *défensive*, l'une des brigades pourra être développée entièrement sur le front, avec quatre bataillons et six batteries en première ligne ; la deuxième brigade sera tenue en réserve.

Suivant le terrain, les bataillons du front occuperont **500** mètres ou **600** mètres.

Le front de combat de la division sera de **2,400** mètres environ.

Dans l'*offensive*, toutes les fois qu'un bataillon doit être engagé en *première ligne*, soit dans un combat démonstratif, soit dans un combat décisif, ce bataillon doit recevoir, avant de s'engager, les cartouches de son caisson de munition et de ses voitures de compagnie.

Dans la *défensive*, des dispositions spéciales sont prises pour alimenter en cartouches la chaîne des tirailleurs.

Lorsque des bataillons doivent marcher ou stationner sous le feu, *en deuxième ou troisième ligne*, la formation la meilleure, la moins vulnérable, est la *colonne double ouverte*, les compagnies étant déployées et les deux lignes de compagnies éloignées à **200** mètres environ l'une de l'autre.

Qu'il s'agisse d'un combat offensif ou d'un combat défensif, *une troupe engagée n'est jamais relevée jusqu'à la solution de l'affaire, quand même elle viendrait à manquer momentanément de munitions.*

Cette prescription absolue s'applique à l'infanterie et à l'artillerie ; elle doit être portée à la connaissance de tous.

Les batteries muettes sur le front, procèdent à leurs réparations et se préparent à faire bon usage des munitions qui leur seront apportées. Leur présence impose à l'ennemi qui s'attend à chaque instant à les voir rouvrir le feu.

COMBAT OFFENSIF

1° DIVISION ISOLÉE.

On peut concevoir d'après cela que le combat offensif de la division se déroulera de la manière suivante :

La division comprenant un régiment de cavalerie, une compagnie du génie, quatre régiments d'infanterie, six batteries d'artillerie, marche en colonne sur une seule route ; elle est précédée de son régiment de cavalerie qui l'éclaire à 8 ou 10 kilomètres en avant.

Service de sûreté. — Le gros du régiment de cavalerie (trois escadrons et un peloton) suit la route principale, couvert par son service spécial de sûreté.

Sur les côtés de la route, à 2 ou 3 kilomètres en avant du gros du régiment, des *patrouilles de découverte* suivent les chemins conduisant à l'ennemi.

En avant de ces patrouilles, des *reconnaissances d'officier*.

Des pelotons restants, l'un précède l'infanterie de l'avant-garde, les deux autres sont chargés du service de sûreté sur les flancs de la colonne.

Avant-garde. — L'avant-garde comprend un peloton de cavalerie, un régiment d'infanterie, la compagnie du génie, trois batteries, etc. ; elle est fractionnée de la manière suivante :

Le peloton de cavalerie avec des éclaireurs en avant et sur les flancs ;

A 500 ou 600 mètres en arrière, une compagnie d'infanterie formant avec le peloton de cavalerie la *pointe de l'avant-garde.*

A 300 ou 400 mètres derrière la première compagnie, les trois autres compagnies du bataillon et la compagnie du génie formant la *tête de l'avant-garde.*

A 600 ou 800 mètres plus loin, le *gros de l'avant-garde* comprenant les deux autres bataillons du régiment d'infanterie, un groupe d'artillerie, etc.

Entre l'avant-garde et le gros de la colonne, on ménage une distance de 800 à 1,000 mètres.

Tous les éléments de l'avant-garde sont reliés entre eux et au gros de la colonne par quelques vélocipédistes ou par des cavaliers.

Le commandant de la division marche à la tête du gros de la colonne ou avec l'avant-garde.

Ordre de marche. — Si l'on a la certitude de ne pas rencontrer l'ennemi dans la journée, l'*ordre de marche* est fixé de manière à diminuer le plus possible la fatigue des troupes.

Si, au contraire, il y a probabilité de rencontre avec l'ennemi, tout doit être sacrifié à la rapidité du déploiement, et la marche est faite en *ordre condensé.*

Lorsque la largeur du chemin, y compris les accotements, le permet, l'infanterie marche sur huit rangs, en doublant les pelotons dans chaque compagnie.

Sur les grandes routes, l'artillerie marche sur deux files de voitures, ou sur une seule file, côtoyée par une ou deux colonnes d'infanterie marchant sur quatre rangs.

Enfin, si le terrain est favorable et s'il y a certitude d'une rencontre sérieuse dans la journée, on n'hésite pas à faire marcher l'infanterie en colonne, sur l'un ou sur les deux côtés de la route.

Le second groupe d'artillerie marche derrière le premier bataillon du gros de la colonne.

Reconnaissance rapprochée. — La cavalerie repousse la cavalerie ennemie et pénètre dans la zone d'action des avant-postes d'infanterie pour reconnaître l'ennemi, ses points d'appui, ses ailes s'il a pris position.

Avec la poudre sans fumée et dans les pays ondulés et couverts, ce rôle de *reconnaissance rapprochée* sera difficile pour la cavalerie, car des tirailleurs invisibles anéantiront aisément et les reconnaissances d'officier, et les patrouilles de découverte, et les petits détachements qui se seront rapprochés d'eux.

Dans ce cas, la cavalerie s'arrête, laisse des détachements devant les patrouilles de l'ennemi et s'écoule vers les ailes ; elle note les bois, les villages qui sont occupés, et arrive à discerner les projets de l'ennemi ou les extrémités de sa ligne de défense.

L'infanterie de l'avant-garde rejoint les détachements de cavalerie laissés devant le front.

Pour effectuer la reconnaissance rapprochée que n'aurait pu faire la cavalerie, des compagnies empruntées à la tête de l'avant-garde, sont déployées à quelques centaines de mètres à droite et à gauche de la route et refoulent les tirailleurs ennemis.

En arrière de ces compagnies, des officiers munis de bonnes lorgnettes exécutent la reconnaissance.

Le commandant de la division se porte lui-même en avant ; il est accompagné par les généraux, par le commandant de l'artillerie et par les chefs de services.

S'il se décide à attaquer, l'infanterie de l'avant-garde refoule les postes avancés de l'ennemi et marche contre la position principale de défense ; elle s'efforce de s'emparer des points dont la possession favorisera le développement ultérieur du combat et s'y établit solidement.

Suivant les cas, *la compagnie du génie* mettra ces positions conquises en état de résistance efficace.

Pendant la reconnaissance du général en chef, et en attendant les ordres d'exécution pour le combat, les régiments du gros de la colonne se forment *en rassemblement*, à l'abri des vues de l'ennemi, sur l'un ou sur les deux côtés de la route.

L'artillerie de l'avant-garde prend part, s'il y a lieu, à l'action contre les avant-postes et suit le mouvement progressif de l'infanterie jusqu'à 3,000 ou 2,500 mètres de la ligne principale de l'ennemi ; elle choisit dans cette zone la position la plus favorable pour le combat ; les batteries du gros s'avancent à sa hauteur, et la lutte d'artillerie s'engage.

Avant de procéder à l'attaque décisive de l'infanterie, il faut faire taire, en partie du moins, l'artillerie de la défense. Toute l'artillerie de l'attaque doit concourir à ce résultat ; *aucune pièce ne doit être gardée en réserve.*

Les batteries sont protégées par l'infanterie de l'avant-garde et la compagnie de génie, dont les tirailleurs sont poussés à 800 ou 1,000 mètres en avant des pièces.

Dans les emplacements à choisir pour les batteries, on se préoccupera plus que jamais d'empêcher l'ennemi de découvrir les pièces avant l'ouverture du feu.

Par conséquent, si le terrain offre une crête tactique, les batteries devront être placées derrière cette crête, à la distance voulue pour être couvertes, mais de façon que *les pointeurs découvrent bien le but sur lequel le tir doit être dirigé.*

Mais il ne suffit pas de masquer les pièces dans leurs emplacements de combat, il faut dissimuler avec le même soin les mises en batterie, et pour cela, ne pas hésiter à *les faire à bras,* lorsque ce moyen seul permettra de dérober les emplacements des batteries aux vues de l'ennemi.

Pendant la lutte d'artillerie, le commandant de la division achève de fixer ses idées sur la manière dont il conduira le combat et choisit l'aile ennemie qui devra être enveloppée.

Généralement, le régiment d'avant-garde, en outre de la protection des batteries, est chargé de *l'action démonstrative* contre une partie du front ennemi.

La deuxième brigade est consacrée à *l'action décisive* (attaque de front et attaque enveloppante).

Le deuxième régiment de la première brigade forme la *réserve.*

La majeure partie de la cavalerie est portée sur l'aile extérieure de l'attaque enveloppante, si elle ne s'y trouve déjà; un simple détachement éclaire le flanc du combat démonstratif.

À chaque régiment, le commandant en chef assigne *sa zone d'action* et *sa direction d'attaque.*

Les régiments sont conduits par leurs chefs en face de leurs objectifs, à la distance de **2,500** à **2,800** mètres, et prennent leurs *dispositions de combat.*

Action démonstrative. — Le régiment d'avant-garde chargé de l'action démonstrative, déploie deux bataillons en formation de combat, son troisième bataillon est échelonné sur deux lignes de compagnies en arrière de son aile extérieure.

En protégeant toujours l'artillerie, il marche en avant de manière à être une *menace permanente* contre la partie de la ligne ennemie qui se trouve en face, mais il ne doit pas se rapprocher de cette ligne à moins de 1,000 à 800 mètres pour ne pas s'exposer à être écrasé par des feux supérieurs.

Dans cette zone de 1,000 à 800 mètres, le chef du régiment choisit la position la plus favorable pour la résistance contre l'offensive de l'ennemi, et s'efforce de la fortifier.

La compagnie du génie cesse son rôle de combattant lorsque les batteries sont suffisamment protégées par les mouvements de l'infanterie ; elle vient alors en aide aux bataillons du combat démonstratif pour l'organisation de leur ligne de résistance.

Ainsi postés et fortifiés, les bataillons du combat démonstratif se tiennent prêts, suivant les ordres qui leur seront donnés, soit à assaillir la partie de la ligne qu'ils ont en face d'eux, ou plus généralement, à arrêter l'offensive de l'ennemi, de concert avec la réserve, si l'attaque décisive venait à échouer.

Avec la poudre sans fumée, le but restant visible, on pourra souvent ouvrir le feu d'artillerie beaucoup plus loin qu'autrefois (3,500 à 4,000 mètres).

On pourra même exécuter *efficacement* du tir indirect contre des buts immobiles (bois, villages occupés par l'ennemi) ; mais, pour la lutte contre l'artillerie ennemie et la préparation de l'assaut, il faudra toujours se rapprocher à 2,500 et même à 2,000 mètres de l'objectif.

A cette distance, le combat pourra quelquefois être terminé sans déplacement nouveau de l'artillerie, parce que les effets du tir restent visibles ; mais, le plus souvent, on ne devra pas hésiter à se rapprocher davantage *pour obtenir des vues meilleures*, surtout si le mouvement peut être effectué à l'abri des vues de l'ennemi.

Le déplacement se fait alors par échelons de trois batteries, l'un des échelons continuant à tirer pendant que l'autre est en mouvement.

Malgré l'emploi de la poudre sans fumée, la prescription pour l'artillerie de se rapprocher au moment de l'attaque décisive de l'infanterie doit être conservée, parce que, dans cette phase du combat, l'ennemi sera surtout préoccupé des progrès de l'infanterie ; toutefois pour exercer une action *efficace* sans courir le danger de destruction, les batteries qui accompagneront l'infanterie ne devront pas se rapprocher à moins de 1,500 mètres de l'infanterie ennemie.

Lorsque l'artillerie assaillante a éteint en partie le feu de l'artillerie adverse, le commandant en chef fait procéder à la préparation de l'assaut ; à cet effet, un certain nombre de batteries continuent la lutte contre l'artillerie ennemie pendant que les autres criblent de projectiles la partie de la ligne où l'on a résolu de pénétrer.

Action décisive. — Lorsque l'assaut a été suffisamment préparé par l'artillerie, les bataillons d'infanterie chargés de l'action décisive sont lancés à l'attaque.

La poudre sans fumée et les armes à trajectoire tendue rendent plus difficile l'exécution du combat décisif, mais elles n'en modifient pas les conditions générales.

Il s'agit toujours pour l'assaillant de constituer à bonne distance de l'ennemi (800 à 400 mètres) *une ligne de feux supérieure à la sienne*, de le forcer à quitter sa position par des feux écrasants d'artillerie et d'infanterie, ou de le détruire s'il ne se retire pas.

Mais pour obtenir cette supériorité de feux, il faut, avec les nouvelles armes, adopter des formations moins profondes, étendre davantage le front de combat et surtout *avoir recours aux manœuvres enveloppantes.*

Toutes les précautions doivent en outre être prises pour que les hommes soient largement approvisionnés de cartouches. Il faut que *l'aile enveloppée de l'ennemi succombe sous une pluie de balles et d'obus.*

L'attaque décisive comprend une *attaque de front* et une *attaque enveloppante.*

Dans le combat de la division isolée, la deuxième brigade est chargée de l'attaque décisive, un régiment pour l'attaque de front, un régiment pour l'attaque enveloppante.

Le régiment de l'attaque de front déploie deux bataillons en première ligne ; ils doivent surtout agir par le feu, ce sont des *bataillons de feux.*

Le troisième bataillon sera *bataillon d'assaut.*

Le régiment de l'attaque enveloppante déploie *un bataillon de feux.*

Le deuxième bataillon est échelonné sur deux lignes de compagnies pour couvrir le flanc extérieur de l'attaque enveloppante de concert avec la cavalerie.

Le troisième bataillon est *bataillon d'assaut.*

Généralement les mouvements de l'attaque de front sont subordonnés à ceux de l'attaque enveloppante.

Afin de diminuer les pertes, la chaîne doit être formée dans les bataillons de première ligne, à **2,000** mètres environ de l'ennemi si l'on est vu. A la même distance, les soutiens se forment en chaîne (1).

Les compagnies de réserve suivent le mouvement à 400 ou 500 mètres en arrière de la première chaîne, dans la formation la moins vulnérable.

Dans cette marche en avant, la chaîne, les soutiens, les réserves utilisent les couverts pour reprendre haleine.

Entre 1,500 et 1,200 mètres, les feux (de salve) peuvent être commencés, si les objectifs sont étendus et nettement visibles ; mais le mouvement en avant continue jusqu'à ce que la chaîne soit arrivée sur une *position favorable*, entre 800 et 400 mètres de la ligne principale de l'ennemi.

Dans chaque bataillon de première ligne, cette *position de feux* est déterminée par le commandant du bataillon.

Sur cette position favorable, la chaîne est renforcée par les soutiens, prolongée par les compagnies de réserve, et *le feu* est porté à son *maximum d'intensité*. Il ne s'agit plus alors de se préoccuper des pertes, mais bien d'en causer à l'ennemi ; les hommes se placent donc sur *deux rangs*, si l'espace manque pour les disposer sur un rang.

C'est à ce moment que la plus grande partie des cartouches doivent être dépensées pour obtenir à tout prix la

---

(1) Lorsqu'on marche à l'attaque et que les compagnies sont formées sur deux ou sur un rang, les chefs de section devraient marcher devant le centre de leur section pour donner aux hommes *l'exemple de l'initiative et du courage*.

La présence du chef de section en avant d'eux indiquerait aux hommes qu'ils ne doivent pas tirer.

Pour faire exécuter des feux, le chef de section passerait rapidement derrière les rangs.

Dans chaque section, le second sergent et deux caporaux suivraient en serre-file pour la surveillance de la marche.

Cette prescription devrait être inscrite dans le Règlement.

supériorité du feu et rendre possible la *continuation du mouvement en avant.* De deux infanteries opposées, la victoire restera à celle qui *se servira le mieux de son arme et aura le plus de cartouches.*

Lorsque l'ennemi a été accablé par les feux convergents de l'attaque de front et de l'attaque enveloppante, *l'assaut est donné,* mais non par les tirailleurs des chaînes. Ces troupes sont trop épuisées, trop énervées par le feu, pour franchir avec succès la distance (600 mètres en moyenne) qui les sépare de l'ennemi et le bousculer par le choc.

L'assaut est donné par des troupes spéciales, en ordre compact et non affaiblies par le combat. Les tirailleurs des bataillons voisins se joignent à ces troupes (1).

Dans le combat de la division, l'assaut sera donné par les troisièmes bataillons des deux régiments de l'attaque décisive et par un bataillon emprunté au régiment de réserve.

Chacun de ces bataillons est formé sur quatre lignes de compagnies déployées, à une centaine de mètres de distance les unes des autres. Les compagnies sont disposées les unes derrière les autres, ou en échelons, ou en échiquier.

Pendant le feu violent, les bataillons d'assaut se tiennent couchés, les compagnies de tête à 400 ou 600 mètres en arrière des chaînes, le bataillon du régiment de réserve dans le secteur plus ou moins dégarni de feux, qui est compris entre l'attaque de front et l'attaque de flanc.

---

(1) Si les tirailleurs restaient immobiles au moment où les premières compagnies d'assaut traversent la chaîne, l'ennemi concentrerait son feu sur ces compagnies à front restreint ; elles verraient, en outre, leur moral affaibli par cette immobilité des tirailleurs et un grand nombre d'hommes s'arrêteraient à hauteur de la chaîne.

On est ainsi en mesure de profiter de toutes les circonstances favorables à l'assaut.

À un signal donné, les bataillons d'assaut marchent, au pas accéléré et sans s'arrêter, sur l'objectif assigné à chacun d'eux.

Lorsque les compagnies de tête arrivent à hauteur de la chaîne, celle-ci se lève ; les tirailleurs remplissent les intervalles entre les bataillons, et d'un seul bond, toutes ces troupes franchissent un espace de 200 mètres environ, en donnant un premier assaut.

Là, nouvel arrêt, pour permettre aux hommes de reprendre haleine et de briser par des feux les dernières résistances.

Après quelques minutes de stationnement, les bataillons se lèvent et donnent un nouvel assaut, les dernières lignes prenant la place de celles qui les précèdent, lorsque celles-ci ont été désorganisées par le feu.

En procédant ainsi par bonds successifs, on peut arriver jusqu'à la position ennemie, car tous les hommes restent liés, et ils sont portés au paroxysme du courage par la grandeur et la simultanéité des efforts.

Pour chaque bond en avant, les tambours et les clairons battent et sonnent la charge.

Les bataillons devant marcher à l'assaut très rapidement. il y aura souvent intérêt à leur faire déposer les sacs, dans la zone de 2,000 à 1,500 mètres (1).

---

(1) L'équipement du fantassin français réclame une *modification radicale et urgente* pour permettre à l'homme qui s'est débarrassé de son sac. de conserver ses cartouches et deux jours de vivres dans une musette *imperméable*.

Pendant l'assaut, les bataillons de la réserve générale suivent à la distance de 800 à 1,000 mètres en arrière de la chaîne et se tiennent prêts, de concert avec les troupes de l'action démonstrative, *à repousser l'offensive de l'ennemi* si l'assaut échouait, ou à commencer la poursuite avec la cavalerie si la première position est enlevée (1).

Dans cette action de *violence extrême*, dont le but est de fixer la victoire, les diverses armes doivent agir *simultanément* et avec le *maximum d'énergie*. L'infanterie, en poursuivant sa marche sans s'occuper des pertes et en accablant l'ennemi de ses feux ; l'artillerie, en lançant des groupes de batteries dans la zone de 2,000 à 1,500 mètres pour concentrer les feux sur le point d'attaque, le rendre intenable et allonger ensuite le tir pour atteindre les réserves ; la cavalerie, en chargeant à fond le flanc des lignes ennemies.

Que d'insuccès ne compte-t-on pas, parce que l'artillerie et la cavalerie sont restées *immobiles, inefficaces,* en arrière de l'infanterie livrant le combat décisif !

Si l'attaque réussit, les bataillons d'assaut s'arrêtent sur la position conquise et poursuivent l'ennemi de leurs feux ; ils se reforment et prennent toutes leurs dispositions contre les retours offensifs.

---

(1) Les conditions du combat offensif de la division isolé seraient beaucoup meilleures si la brigade chargée de l'action décisive comprenait trois régiments, parce qu'alors chacune des chaînes (de front et enveloppante) serait enlevée par le bataillon d'assaut du régiment correspondant, pendant que le troisième régiment de la brigade (également régiment d'assaut) s'avancerait dans le secteur compris entre l'attaque de front et l'attaque enveloppante. Aucun emprunt ne serait fait pour l'assaut au régiment de réserve.

La division isolée devrait donc comprendre cinq régiments d'infanterie.

Les premiers échelons d'artillerie se portent sur la position pour donner à l'infanterie désorganisée le soutien dont elle peut avoir besoin.

Si l'ennemi occupe une seconde position, le combat recommence avec les mêmes phases, mais alors ce sont les bataillons de la réserve générale et du combat démonstratif, qui *prennent la formation de combat* ; les bataillons de première ligne, épuisés par leur effort, deviennent bataillons de deuxième ligne (1).

Si l'ennemi bat définitivement en retraite, il est poursuivi par l'infanterie et la cavalerie. Des groupes d'artillerie sont joints à l'infanterie, pour briser la résistance des fractions qui seraient encore en mesure de combattre.

Simultanément avec la poursuite directe, un régiment est affecté à la poursuite latérale. Éclairé par la cavalerie et couvert par des tirailleurs, ce régiment marchera sur deux lignes parallèles à la ligne de retraite de l'ennemi, de manière à prendre rapidement la formation de combat et assaillir l'une des ailes de l'arrière-garde ennemie, si cette arrière-garde a pris une position de résistance.

Si l'attaque décisive ne réussit pas, l'infanterie assaillante se retire et se rallie sous la protection de l'artillerie, des bataillons de la réserve et des bataillons du combat démonstratif.

Avec ces bataillons, on constitue une arrière-garde qui

---

(1) Notre infanterie n'est pas suffisamment exercée à cette action de force et à cette remise en ordre des bataillons de première ligne après l'assaut.

L'infanterie allemande exécute ces manœuvres de guerre avec une rapidité merveilleuse.

comprend en outre toute la cavalerie et la moitié de l'artillerie. Cette arrière-garde se retire en combattant, pendant que les autres troupes la précèdent en colonne de route.

Ainsi donc, avec les armes actuelles et la poudre sans fumée, le combat offensif de l'infanterie devra être conduit de la manière suivante :

1° *Déploiement en chaîne, à la distance de 2,000 mètres environ, si l'on est vu.*

2° *Ouverture du feu (de salve) dans la zone de 1,500 à 1,200 mètres sur des buts étendus et nettement visibles.*

3° *Combat violent d'infanterie dans la zone de 800 à 400 mètres.*

4° *Après ce combat, marche rapide vers la position, exécutée par des troupes spéciales en ordre serré* (bataillons d'assaut). Les bataillons de chaîne voisins des troupes d'assaut, les accompagnent dans leur marche offensive.

5° *La réserve générale suit le mouvement à la distance de 1,000 à 800 mètres environ,* pour exécuter la poursuite de concert avec la cavalerie, ou emporter la seconde ligne, ou recueillir les assaillants repoussés (1).

2° CORPS D'ARMÉE ISOLÉ.

Dans le combat offensif du corps d'armée, il convient de distinguer le cas où la marche s'effectue en *colonnes de division* sur deux routes, et celui où elle a lieu sur une seule route en *colonne de corps d'armée.*

---

(1) Ce mode d'attaque a été mis en pratique aux manœuvres du 18° corps en 1890.

Si le corps d'armée marche sur deux routes parallèles, chaque division engage le combat, comme il a été dit ci-dessus.

Les régiments d'avant-garde des deux divisions protègent les batteries (artillerie divisionnaire et artillerie de corps), et entament *un combat démonstratif*.

Le commandant du corps d'armée désigne la division qui sera chargée de *l'action décisive* contre une des ailes de l'ennemi.

Le chef de cette division ne dispose plus que de trois régiments : l'un est affecté au mouvement enveloppant avec un ou deux bataillons de feux, un second à l'attaque de front avec deux bataillons de feux, le troisième est régiment d'assaut.

Dans l'autre division, deux régiments (formant brigade) sont désignés *comme réserve générale* aux ordres du commandant en chef. Le dernier régiment est employé, soit à étendre et renforcer le combat démonstratif, soit comme régiment d'assaut en arrière de l'attaque de front, afin d'être en mesure de profiter de toutes les circonstances favorables du combat.

La cavalerie et l'artillerie à cheval protègent l'attaque enveloppante.

Si le corps d'armée marche en une seule colonne, les deux premiers régiments de la colonne engagent l'action, conquièrent les emplacements favorables à l'artillerie et protègent les batteries.

Une brigade est désignée comme *réserve générale*.

Les deux autres brigades sont affectées à *l'action décisive* (attaque enveloppante et attaque de front).

Dans chacune des attaques, l'un des régiments, est *régiment de feux* et l'autre *régiment d'assaut*.

La plus grande partie de la cavalerie et l'artillerie à cheval, sont employées à protéger le flanc extérieur de l'attaque enveloppante.

Au cours de l'action, l'artillerie procède par rapprochements successifs, comme il a été dit dans le combat de la division, et les batteries qui accompagnent les troupes de l'action décisive sont bien placées entre l'attaque enveloppante et l'attaque de front.

Dans les batailles de masse qui seront les batailles de l'avenir, *chaque corps d'armée encadré* marchera généralement sur deux routes, en colonnes de division.

Ces divisions s'engageront simultanément *leur objectif sera d'obliger l'ennemi à mettre en jeu toutes ses ressources et à les user ;* mais il est probable que leurs efforts ne suffiront pas pour amener la *solution définitive.*

Elle ne pourra être obtenue que par l'intervention de la troisième division ou *division de réserve* du corps d'armée. Arrivant à la fin du jour sur le champ de bataille, elle sera lancée en masse sur une partie de la ligne ennemie, brisera les dernières résistances, et, s'engageant à fond, *renversera tout.*

D'après cela, *l'ordre de bataille à trois divisions par corps d'armée paraît indispensable ;* et pour que la troisième division, ou division de réserve, soit à hauteur du grand rôle qui lui est assigné, toutes les unités de combat jusqu'à la compagnie doivent être commandées par des officiers de l'armée active.

C'est une règle absolue dans les armées que nous aurons à combattre et qu'il serait urgent d'appliquer chez nous.

En résumé, la poudre sans fumée rend le combat offensif plus difficile, mais elle ne modifie pas sensiblement les conditions générales de son exécution.

Pour le succès dans le combat offensif, il faudra plus que jamais des soldats disciplinés, incapables de se laisser émouvoir par le spectacle de la lutte, des officiers pleins d'initiative et doués de l'intelligence nécessaire pour faire servir le terrain à l'action efficace de leur arme.

Mais la méthode sera toujours la même, *la méthode napoléonienne*, c'est-à-dire *usure de l'ennemi par les forces de première ligne* et *solution définitive par des troupes de deuxième ligne*, abordant, intactes, une partie du champ de bataille.

Dans ces conditions, l'offensive tactique pourra toujours donner les grands résultats que procure l'initiative des mouvements.

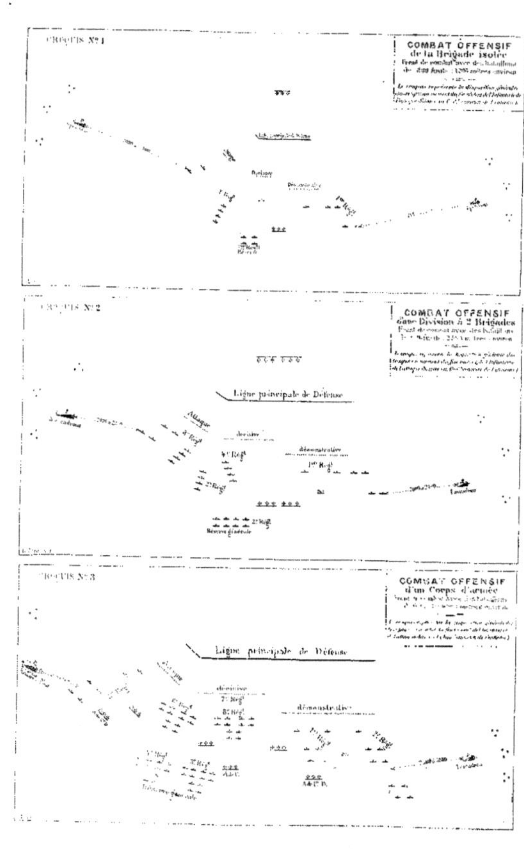

CROQUIS N° 1
COMBAT OFFENSIF
de la Brigade isolée
Ligne principale de Défense
Attaque
Démonstration
Réserve générale
CROQUIS N° 2
COMBAT OFFENSIF
d'une Division à 2 Brigades
Ligne principale de Défense
Attaque
démonstration
Réserve générale
CROQUIS N° 3
COMBAT OFFENSIF
d'un Corps d'armée
Ligne principale de Défense
démonstration
Réserve générale

COMBAT DÉFENSIF

La défensive tire sa force principale des feux et de l'emploi judicieux du terrain.

En rendant possible la destruction de l'assaillant à grande distance, et sans être vu pour ainsi dire, le perfectionnement des armes à feu et la poudre sans fumée ont été surtout profitables à la défense dans le combat proprement dit.

Occupation de la position. — « Les troupes d'occupa-
« tion de la position se divisent en *troupe d'occupation de*
« *la ligne de défense* et en *réserve* ; les premières assurent
« la défense proprement dite de la position ; la réserve est
« destinée à appuyer au besoin la défense, à prendre l'of-
« fensive s'il y a lieu, ou à couvrir la retraite et à parer à
« toutes les éventualités non prévues. » (Meckel.)

La réserve doit comprendre la *moitié de l'infanterie* environ.

L'infanterie de la ligne de bataille, formée d'après le terrain et la direction probable de l'attaque, se tient prête *en arrière* des positions qui lui sont assignées.

La réserve est massée derrière le centre de la ligne.

S'il existe en avant de la ligne principale de défense, à une distance de 800 à 1,000 mètres, des obstacles (fermes, bois, villages, etc.) ayant de belles vues du côté de l'attaque probable, on les occupe par des bataillons ou compagnies, suivant leur importance.

Ces bois, fermes, villages, etc., sont les bastions de la ligne de défense ; ils sont flanqués par elle.

Les troupes consacrées à leur défense ont pour mission d'obliger l'infanterie assaillante à se déployer à grande distance, de contenir ses premiers efforts ; elles font partie de la ligne de bataille et doivent défendre *jusqu'au dernier homme* les positions qui leur ont été confiées.

Il n'y a pas intérêt à disséminer l'infanterie en lui faisant occuper des postes plus avancés qui ne seraient pas protégés efficacement par le feu de la position principale.

Les défenseurs de ces postes seraient écrasés par l'artillerie de l'attaque ; n'étant pas soutenus, ils seraient aisément refoulés par les avant-gardes ennemies, et leur mouvement de recul produirait une impression fâcheuse sur le moral des troupes de la défense.

C'est surtout par des *feux d'ensemble* que la défense doit agir : il faut donc *éviter le plus possible la dissémination des troupes d'infanterie.*

Tant que l'attaque n'est pas prononcée, on n'occupe que d'une manière sommaire, avec peu de forces, les points principaux de la ligne de défense, bois, fermes, villages, contreforts, etc.

Les troupes du génie les organisent défensivement concurremment avec l'infanterie.

Les flancs étant en général les *points faibles*, une partie des batteries est désignée pour les occuper. On les protège en outre au moyen de troupes à rangs serrés, échelonnées en arrière.

Les batteries non placées aux flancs restent *en attente* en arrière du centre de la position.

Les autres troupes de première ligne sont tenues à proximité de leurs emplacements de combat.

La cavalerie est en observation devant le front.

Les troupes du génie qui ont aidé l'infanterie dans l'organisation défensive de la position sont reportées en arrière après l'achèvement et employées à de nouveaux travaux : préparation d'une position de soutien, ouverture de communications pour relier les troupes entre elles, etc.

Il importe de dissimuler le mieux et le plus longtemps possible à l'ennemi les *points extrêmes* de la position occupée.

S'il s'agit d'une position à défendre par une division, l'une des brigades peut être employée pour constituer la première ligne ; l'autre brigade forme la *réserve*.

La brigade de première ligne déploie trois ou quatre bataillons sur le front.

Si les deux flancs de la ligne de défense sont faibles, on soutient chacun d'eux par *un ou deux bataillons à rangs serrés*, et on place une batterie à chaque aile.

Eu égard à l'étendue du front de défense (2,400 mètres environ), les batteries des ailes sont en mesure de s'opposer à l'approche des avant-gardes ennemies aussi bien sur le front que sur les flancs.

Les autres batteries restent à couvert derrière le centre, mais leurs emplacements de combat doivent être reconnus et réservés sur chaque flanc.

En règle générale, les points les plus importants du terrain, situés le plus souvent sur la crête de la hauteur occupée, sont attribués à l'artillerie ; et si la ligne principale de l'infanterie peut être établie à 800 ou 1000 mètres en avant des batteries sans gêner leur feu, les conditions sont aussi favorables que possible.

Les régiments de la réserve, pour être bien dans la main de leurs chefs, sont formés par bataillon en colonne double.

Défensive proprement dite. — Généralement, l'assaillant se borne à une *démonstration* contre une partie du front et dirige une *attaque décisive* contre l'un des flancs de la position.

Lorsque le mouvement offensif est bien dessiné, la cavalerie dégage le front et se retire derrière l'aile d'où elle pourra le plus efficacement contribuer à la défaite de l'ennemi. Quelques détachements sont envoyés à l'aile opposée pour la mettre à l'abri des surprises.

Les batteries déjà en position à l'aile menacée forcent l'assaillant à se déployer au loin ; elles donnent à la défense le temps de changer ses dispositions.

L'infanterie de première ligne se porte sur ses positions de combat et les garnit avec *la plus grande densité possible.*

Des dépôts de munitions sont faits sur la chaîne des tirailleurs.

Les *compagnies de réserve* des bataillons de première ligne se rapprochent de la chaîne pour être en mesure de la bien soutenir.

Toutes *les batteries* qui sont en attente et celles déjà sur le front qui ne pourraient, sans déplacement, concourir à repousser l'assaut, sont reportées vers le point qui va être attaqué.

La *réserve d'infanterie* est disposée de manière à soutenir directement la ligne de défense par un certain nombre de bataillons. Les autres bataillons sont placés à proximité du flanc menacé pour exécuter la contre-attaque et prendre ensuite l'offensive.

Il y aurait avantage à ne pas démasquer trop tôt la position par des feux, mais on se priverait d'un avantage plus grand encore si on ne mettait pas à profit la grande portée et la grande précision de l'artillerie nouvelle pour obliger l'infanterie assaillante à prendre *à grande distance* la formation de combat si gênante pour la marche.

L'artillerie de la défense utilise donc la grande portée et la grande précision de ses pièces pour atteindre l'ennemi le plus loin possible.

Elle répond à l'artillerie de l'attaque lorsque celle-ci entre en action, mais tire de préférence sur les troupes assaillantes lorsqu'elles sont visibles.

En principe, l'infanterie de la défense doit réserver son feu pour les bonnes distances (700 à 500 mètres).

Elle peut toutefois tirer à des distances plus grandes, sur des buts favorables (groupes de batteries par exemple), mais alors les feux doivent être exécutés à commandement, par fractions constituées, et avec des hausses différentes si la distance n'est pas exactement connue.

Lorsque l'infanterie assaillante arrive dans la zone de 700 mètres, elle doit être soumise *au feu le plus violent* de l'infanterie de la défense.

A ce moment, la chaîne doit être renforcée et par les soutiens et par les compagnies de réserve et par les bataillons de seconde ligne, si cela est nécessaire, de manière à conserver partout la *supériorité du feu.*

L'artillerie joindra son action à celle de l'infanterie pour briser l'élan de l'infanterie ennemie. Elle sera tout entière employée à cette mission et s'y consacrera jusqu'au dernier moment, *dût-elle être anéantie.*

« Elle ne devra jamais abandonner sa position ; plutôt « que de reculer, elle laissera l'ennemi s'avancer jusqu'à la « bouche de ses canons, *à moins que le général en chef* « *ne donne l'ordre de la retraite générale.* » (Prince de Hohenlohe, 17e lettre sur l'artillerie.)

Contre-attaque. — Une défense entièrement passive, laissant à l'assaillant la liberté de ses mouvements, amènerait sûrement la défaite de la troupe qui l'emploierait exclusivement.

Aussitôt que les circonstances le permettent, le défenseur doit exécuter des *contre-attaques*.

L'instant le plus favorable pour les tenter est celui où l'assaillant, affaibli par des pertes considérables, arrive à petite distance de la ligne principale de la défense.

Les bataillons à rangs serrés, formés en soutien, en arrière de l'aile attaquée, s'ils n'ont pas déjà été consacrés à la défense directe, et *une partie* des bataillons de la réserve sont employés aux *contre-attaques ou pour prononcer une offensive sérieuse.*

Les autres bataillons de la réserve sont gardés pour faire face aux *dernières éventualités.*

La contre-attaque habilement et énergiquement conduite peut donner les plus grands résultats, car elle jette l'infanterie assaillante dans une extrême confusion. Il n'est pas indispensable qu'elle soit exécutée par une troupe nombreuse : une simple compagnie couvrant les assaillants de feux rapides à petite distance, suffira souvent pour obtenir le résultat cherché ; mais elle doit faire sentir soudainement *toute son action*. Donc, en général, dans une contre-attaque, *tous les fusils en ligne.*

Défensive-offensive. — A moins d'une infériorité numérique considérable, auquel cas il est prudent de se borner à des contre-attaques, la *défense passive doit être absolument proscrite ;* elle conduirait sûrement à un désastre.

Tout chef qui est attaqué, même par des forces supérieures, doit songer à prendre lui-même l'offensive après avoir repoussé l'attaque.

Mais ce n'est point avec les troupes de la défense de front que l'offensive doit être prise d'abord. *Elle doit être commencée par des troupes de seconde ligne* débouchant de l'une ou des deux ailes de la ligne de défense.

Les troupes affectées à la défense de front doivent continuer à couvrir les assaillants de leurs feux, *sans quitter leurs positions retranchées.*

Si le mouvement offensif réussit, une partie des bataillons de la défense de front prennent part à l'attaque en seconde ligne ; les autres bataillons conservent leurs positions pour repousser un nouvel assaut tant que cet assaut est à redouter.

Ils suivent ensuite le mouvement offensif en troisième ligne.

Si le chef de la défense juge opportun de ne pas attendre l'assaut de l'infanterie ennemie, il ordonne la retraite après la lutte d'artillerie.

Il peut également l'ordonner après avoir repoussé un premier assaut.

A cet effet, il a dû choisir en arrière une position de soutien; il la fait occuper par des bataillons de la deuxième ligne et de la réserve et par un certain nombre de batteries.

Les troupes d'infanterie et les batteries restées au contact de l'ennemi doivent, en se retirant, démasquer la position de soutien.

Si le défenseur a été rejeté hors de la position, l'infanterie et l'artillerie se retirent coude à coude et profitent de tous les obstacles pour arrêter l'ennemi par leurs feux.

La cavalerie qui marche sur leurs flancs joint son action

à celle des autres armes et charge l'infanterie qui devient trop pressante.

Dans ce cas, le défenseur peut encore avoir recours aux retours offensifs. Il pourra surtout les tenter avantageusement au moment où l'assaillant vient de pénétrer dans la position et où il est forcément en grand désordre par suite des efforts qu'il a faits.

Retraite. — Les troupes sont retirées du combat *par échelons.*

Du côté du flanc menacé, ou derrière le point où s'est produite l'attaque décisive, on constitue *un premier échelon* d'infanterie et d'artillerie.

On le dirige sur une position de *soutien* d'où il puisse couvrir la ligne de retraite la plus exposée.

Sous la protection de cet échelon, la retraite commence.

Des dispositions analogues sont prises successivement pour toutes les autres parties de la ligne de bataille.

Dans chaque colonne en retraite, on constitue *une forte arrière-garde* avec les troupes d'infanterie et d'artillerie qui ont le moins souffert ; on leur adjoint toute la cavalerie disponible.

L'artillerie marche sur la route, l'infanterie sur la route et sur les côtés, le gros de la cavalerie sur les flancs de l'infanterie.

Si l'ennemi est pressant, l'arrière-garde se retire par échelons ; un échelon contient l'ennemi pendant que l'autre va prendre une position en arrière pour protéger à son tour la retraite du premier.

Des troupes du génie précédant l'arrière-garde, préparent la mise en état de défense des positions de combat ainsi que la destruction des ouvrages d'art dont la rupture peut entraver *sérieusement* la poursuite de l'ennemi.

La destruction est opérée sur l'ordre du commandant de l'arrière-garde, après le passage des dernières troupes en retraite.

Le détachement du génie qui a procédé à l'exécution se retire avec le dernier échelon de l'arrière-garde.

En règle générale, *les retours offensifs sont interdits* aux troupes de l'arrière-garde; elles pourraient se compromettre en augmentant la distance qui les sépare du corps principal.

En résumé, *la poudre sans fumée ne modifie en rien les conditions d'exécution du combat défensif.* En donnant des facilités plus grandes pour dissimuler les troupes et diriger les feux avec justesse, elle rend ce mode de combat *plus meurtrier* pour l'assaillant, et partant, *plus efficace.*

CAVALERIE

La poudre sans fumée a rendu plus difficile l'intervention efficace de la cavalerie dans le combat, mais on ne saurait dire que cette intervention est devenue *impossible*.

Au cours de la bataille, il se produira presque toujours des circonstances dans lesquelles l'infanterie, *exténuée, privée de cartouches*, ne sera plus en mesure de s'opposer à l'irruption de la cavalerie, surtout si les charges sont dirigées contre les flancs des lignes ; les pertes seront grandes, mais l'action de la cavalerie pourra donner d'immenses résultats.

Quand l'infanterie, sans se préoccuper des pertes, se lance à l'assaut pour fixer la victoire, la cavalerie pourrait-elle hésiter à concourir à ce grand but ? Souvent des accidents de terrain, des nuages de poussière, ne lui permettront-ils pas de s'approcher sans être vue ?

Nous rappellerons donc en terminant les prescriptions relatives au rôle de la cavalerie dans le combat, lesquelles sont communes au combat offensif et au combat défensif (1).

Pendant la phase qui précède l'engagement général, les divisions de cavalerie qui ont assuré le service d'exploration sont généralement maintenues en avant du front pour gêner le déploiement de l'adversaire et masquer les mouvements de l'armée.

---

(1) Les prescriptions qui suivent relativement au rôle de la cavalerie pendant le combat sont extraites en grande partie du règlement de 1882, sur les exercices de la cavalerie.

Aussitôt que la lutte est engagée, elles reçoivent l'ordre de dégager le front et de se porter sur les ailes.

Pendant le combat, le commandant de la cavalerie, tout en se conformant aux instructions générales qu'il a reçues, ne doit cependant laisser échapper aucune occasion de jouer un rôle *efficace* au milieu de l'action.

Il peut avoir pendant le combat :

A se porter sur les flancs ou même sur les derrières de l'ennemi, pour y obtenir, avec ses batteries, des résultats considérables ;

A précéder et à appuyer toute manœuvre ayant pour but de déborder une aile de la ligne ennemie ;

A s'opposer à une manœuvre analogue de l'adversaire, ou du moins à la signaler et à la retarder dans la limite de ses moyens ;

A combattre résolument toute offensive de la cavalerie ennemie ;

A remplir provisoirement les vides qui se produisent dans la ligne de bataille ;

Ou encore, à se porter au loin dans la direction des corps ennemis dont on attend l'arrivée sur le champ de bataille et à en retarder l'action par tous les moyens possibles.

L'esprit d'initiative est la qualité dominante de tout chef de cavalerie. Il doit savoir discerner rapidement les occasions favorables de combat, se décider *instantanément* et *judicieusement* et agir avec la *plus grande énergie.*

Une infanterie intacte, des batteries en bonne position, ne sauraient redouter la cavalerie, quelque vigoureuses que soient ses charges ; mais une infanterie exténuée par la lutte ou rompue par un feu meurtrier, une artillerie qui manœuvre, offriront toujours à la cavalerie l'occasion de charges heureuses, si elle est lancée à propos et si *elle charge à fond.*

Pendant la bataille, la cavalerie doit éviter de masquer par ses charges les feux de ses propres troupes (1). Autant que, possible c'est contre le flanc des lignes ennemies (infanterie et artillerie) que ses attaques doivent être dirigées.

A proximité de l'ennemi, la cavalerie se fait éclairer par des reconnaissances d'officier et des patrouilles de combat.

Si l'infanterie est victorieuse, la cavalerie éloigne d'abord par ses charges la cavalerie ennemie du champ de bataille et se lance à la poursuite ; elle gagne le flanc des lignes et colonnes en retraite, les harcèle, rompt par le feu de son artillerie les dernières résistances, et fait tous ses efforts pour changer la retraite en déroute. *En aucun cas, elle ne doit perdre le contact de l'ennemi.*

Si l'ennemi est victorieux, la cavalerie doit remplir un grand rôle de dévouement et de sacrifice.

---

(1) « A la bataille de Wœrth, au nord de Morsbronn, l'infanterie
« prussienne, après une attaque malheureuse, descendait une côte en
« battant en retraite. Une grêle de projectiles, lancés par les mitrail-
« leuses et les chassepots, l'atteignait sans relâche, et tous les hommes
« avaient le sentiment que jamais ils n'atteindraient la forêt qui s'éten-
« dait au bas de la colline et qui les eût abrités. Exténuée, résignée à
« la mort, toute cette infanterie gagnait lentement la forêt. Soudain le
« feu meurtrier cessa. Saisis d'étonnement, les hommes s'arrêtèrent
« pour voir qui les sauvait ainsi d'une mort certaine. Ils aperçurent
« alors les cuirassiers français (8e et 9e régiments) qui, les chargeant.
« empêchaient leur propre infanterie et leur artillerie de tirer sur l'en-
« nemi. Ces cuirassiers leur apparurent comme des sauveurs. Avec le
« plus grand calme, chaque homme restant à l'endroit où il se trouvait,
« se mit à tirer sur ces cuirassiers qui succombèrent sous ce feu ra-
« pide. » (Prince de Hohenlohe, 6e lettre sur la cavalerie.)

A tout prix, elle se maintient en contact avec l'armée adverse, et profite de toutes les circonstances pour retarder, par ses charges, la poursuite de l'ennemi (1).

La brigade de cavalerie de corps remplit, vis-à-vis de son corps d'armée et dans la zone limitée qui lui est dévolue, une mission analogue à celle des divisions de cavalerie par rapport à l'armée ; mais en raison de son rôle moins étendu, l'initiative laissée à son chef doit être renfermée dans des limites plus étroites.

Au début du combat, elle est souvent employée à soutenir l'artillerie divisionnaire ou l'artillerie de corps, lorsque cette artillerie doit se porter en avant et prendre position alors que les lignes d'infanterie ne sont pas assez rapprochées pour la protéger.

Si la cavalerie de corps a été placée de manière à intervenir rapidement dans la lutte, si elle a été dissimulée aux vues de l'ennemi jusqu'au moment de s'engager, il n'est pas douteux que son irruption subite sur un point donné du champ de bataille ne puisse souvent produire un grand effet et amener d'importants résultats.

En cas de succès ou de revers, la cavalerie de corps se

---

(1) Charges de la cavalerie autrichienne à la bataille de Sadowa ;

Charge de la brigade Bredow, le 16 août 1870, pour arrêter les attaques du 6ᵉ corps français (Canrobert), contre le IIIᵉ corps allemand ;

Charge du 1ᵉʳ régiment de dragons de la garde prussienne, contre la division Grenier (13ᵉ régiment), pour sauver les débris de la 38ᵉ brigade prussienne.

Le colonel d'Auerswald, qui a péri en conduisant cette charge, a fait preuve de toutes les grandes qualités du chef de cavalerie : *décision rapide et judicieuse* sur la meilleure direction à donner à la charge et *exécution la plus énergique.*

Au lieu de charger de front notre infanterie, il porta son régiment sur le flanc du 13ᵉ régiment français et le lança à la charge.

joint aux divisions de son arme pour accélérer la poursuite ou couvrir la retraite.

Les brigades de cavalerie des corps d'armée peuvent également être réunies momentanément en divisions pour un but déterminé, pendant ou après le combat.

Combat de cavalerie contre cavalerie. — Pour le combat de la division de cavalerie contre des troupes de son arme, le règlement français prescrit les dispositions suivantes :

La division formée sur trois lignes, chacune d'une brigade, présente la disposition en échelons, le centre en avant. Si la division ne comprend que deux brigades, l'une des brigades forme la première ligne, l'autre se fractionne et constitue la deuxième et la troisième ligne.

En général, la première ligne est formée par la brigade de cuirassiers, la deuxième par la brigade de dragons, la troisième par la brigade de cavalerie légère (1).

La distance qui sépare les lignes varie suivant les circonstances et le terrain.

Elle est généralement de 200 à 300 mètres entre la pre-

---

(1) Le nouveau règlement allemand (1886) a prescrit une formation sensiblement différente pour le combat de la division de cavalerie.

La cavalerie allemande se forme également sur trois lignes, mais d'inégale force.

« La première est constituée par la première brigade et par un régiment de la deuxième brigade.

« La deuxième est formée par le deuxième régiment de la deuxième brigade, lequel est placé en échelon à 240 *mètres* en arrière de la première ligne.

« Derrière la première ligne, un régiment de la troisième brigade est formé en masse avec de larges intervalles entre les escadrons.

« Enfin, le deuxième régiment de la troisième brigade forme la troi-

mière et la deuxième ligne, de 300 à 400 entre la première et la troisième.

La deuxième et la troisième ligne doivent être maintenues à un intervalle de déploiement d'escadron de la première.

L'artillerie marche derrière le centre de la première ligne, à 150 *mètres*. Elle est formée en masse.

Tant qu'il y a incertitude sur le côté menacé, les batteries restent sur la route ou marchent derrière le centre de la première ligne (1) ; mais aussitôt que la direction générale du combat peut être discernée, elles gagnent *le flanc le moins exposé* et prennent une position qui leur permette de concourir le plus longtemps et le plus efficacement au combat sans être obligées de se déplacer.

---

sième ligne à 360 *mètres* environ de la première, soit en échelon, soit en arrière du centre.

« L'artillerie (deux batteries), venue dès le début de l'action dans une position latérale et éloignée de la division, reste immobile pendant le combat et sert d'appui à l'une des ailes. »

Cette disposition paraît *rationnelle* et *efficace*.

Avec ses effectifs supérieurs, la cavalerie allemande s'efforce de présenter au début des fronts plus étendus que son adversaire afin de l'envelopper plus aisément.

En même temps, elle prend ses dispositions contre le danger d'être percée au centre, car les escadrons massés derrière la première ligne entoureraient promptement l'adversaire qui aurait percé ou qui ramènerait cette ligne.

(1) Les officiers d'artillerie critiquent vivement la position assignée aux batteries de la division de cavalerie (Voir la brochure : *Tactique de l'artillerie à cheval dans le combat de cavalerie contre cavalerie*, par *A. T.*) par la raison qu'elle ne permet pas à l'artillerie d'intervenir efficacement dans le combat de la cavalerie.

Il est certain que, si l'on juge d'après les manœuvres du camp de Châlons, cette prise rapide de position imposée à l'artillerie *au moment de l'attaque* ne paraît pas pratique.

Mais, à notre avis, le règlement doit être interprété dans un sens plus large.

Tant qu'il y a indécision sur la *direction générale du combat*, l'artil-

Dès que les batteries se rendent à leur position de combat, elles sont accompagnées d'un *soutien spécial* (peloton ou escadron) qui a surtout pour mission de les éclairer du côté où elles ne sont pas protégées par la masse de la cavalerie.

L'artillerie prend d'abord pour objectif les troupes de l'ennemi, de préférence à l'artillerie adverse. Au moment de la mêlée, elle tire sur les réserves, puis sur les batteries.

En toute circonstance, le commandant de l'artillerie se tient prêt à porter ses batteries partout où il peut concourir à l'action d'ensemble, sans attendre pour cela des ordres qui ne lui parviendront pas ou lui parviendront trop tard.

La batterie attachée à une brigade isolée, marche, manœuvre et combat conformément aux principes établis pour l'artillerie d'une division.

Pendant la bataille, aucune pièce de canon ne doit rester inactive. Lorsque les divisions de cavalerie démasquant le front, sont venues se ranger sur les ailes de l'infanterie, les batteries à cheval attachées à ces divisions doivent se joindre au groupe d'artillerie le plus voisin.

Un des hommes les plus éminents de l'armée allemande,

---

lerie peut continuer à s'avancer sur la route, ou marcher derrière le centre de la première ligne ; mais lorsque cette direction générale est fixée, soit par les mouvements de l'ennemi, soit par la décision du général commandant, l'artillerie doit venir immédiatement prendre position sur le flanc de la première ligne, du côté le moins exposé.

Il arrivera même que l'artillerie marchant derrière la première ligne se verra démasquée par un oblique à droite ou à gauche de toute la division ; elle n'aura alors qu'à se mettre en batterie droit devant elle.

le prince de Hohenlohe, a résumé de la manière suivante le rôle de la cavalerie dans les guerres futures (8e lettre sur la cavalerie).

« Les deux armées envoient en avant leurs grandes
« masses de cavalerie pour que les patrouilles d'officiers
« qui en sont en quelque sorte les antennes, s'étendent et
« rayonnent afin de se rendre compte de la force, de la
« position et des desseins de l'ennemi. Ces masses s'entre-
« choqueront et engageront la lutte pour savoir qui restera
« maître du terrain. Finalement, l'une des deux aura le
« dessus; elle refoulera celle de l'adversaire sur son infan-
« terie, ce qui lui permettra d'assurer à son généralissime
« la prépondérance stratégique, comme la cavalerie alle-
« mande l'a fait dans la dernière guerre. »

« Quand une fois les opérations auront amené la bataille
« décisive, alors la cavalerie, que de part et d'autre on
« aura fait se ranger derrière les deux autres armes de
« bataille, cherchera peut-être à participer à l'action et
« à frapper, elle aussi, des coups décisifs ; si les deux
« cavaleries choisissent le point juste et le moment op-
« portun, elles s'entre-choqueront de nouveau, et ce ne
« sera que quand l'une des deux aura été mise en déroute
« que l'autre sera en état d'attaquer l'infanterie et l'artil-
« lerie. »

« Le vainqueur alors cherchera à profiter de la victoire
« en poursuivant le vaincu ; celui-ci cherchera à couvrir sa
« retraite. S'il dispose encore, après les deux combats pré-
« cédents, de cavalerie intacte et en rangs serrés, il s'en
« servira de préférence aux autres armes; et ce n'est qu'a-
« près avoir mis en déroute cette dernière cavalerie que le
« vainqueur pourra tirer profit de la victoire en poursui-
« vant les deux autres armes. »

« Quand la poursuite directe aura pris fin, la cavalerie

« du vaincu aura la tâche d'arrêter la poursuite indirecte
« que le vainqueur va dès lors entreprendre et de la retar-
« der aussi longtemps qu'elle le pourra par d'habiles ma-
« nœuvres, et cela quoiqu'elle soit inférieure en nombre à
« celle de l'ennemi. »

On juge d'après cela combien il est nécessaire pour une armée d'être éclairée par une cavalerie au moins égale en *nombre* et en *qualité* à celle de l'ennemi !

Troupes du génie. — Aux avant-gardes, on adjoint toujours des troupes du génie pour faire disparaître les obstacles qui s'opposeraient à la marche des colonnes et fortifier les positions conquises par l'avant-garde et qu'il y aurait grand intérêt de conserver pour le développement ultérieur du combat.

Pendant le combat, ces troupes spéciales sont surtout employées à des travaux de mise en état de défense, de construction d'épaulements pour les batteries, etc. ; elles combattent comme infanterie si les circonstances les amènent sur la ligne du feu.

Dans les retraites, elles préparent les positions de résistance de l'arrière-garde et assurent la destruction des ouvrages d'art importants.

Il importe de ne jamais engager une attaque sans que les communications en arrière et les lignes de retraite soient libres.

Autant que possible, le commandant en chef indique à l'avance aux officiers généraux les mouvements à exécuter dans les différents cas qu'on peut prévoir, les mesures à prendre en cas d'insuccès, les positions à occuper, etc.

Toutefois, les officiers généraux peuvent toujours, si les circonstances l'exigent, s'écarter des dispositions prescrites par le commandant en chef, *mais à la condition expresse de ne jamais perdre de vue l'exécution du plan général.*

Toutes les unités d'une armée, ailes, centre, corps d'armée, divisions, brigades, etc., doivent, en toute circonstance, se prêter un mutuel appui. *C'est là un devoir absolu.*

Dès que le combat est commencé, les troupes dégagent les routes, de manière à laisser libres les voies de communication parallèles et perpendiculaires au front.

Dans le même but, les convois sont arrêtés ou même reportés en arrière.

Par contre, les sections de munitions sont rapprochées du front de combat, à 1500 *mètres* environ des batteries, de manière à faciliter les réapprovisionnements.

Si l'on prévoit l'éventualité d'une retraite, les convois sont mis en marche assez à temps pour ne gêner en rien les mouvements des troupes.

Avant l'action, le général en chef, les généraux commandant les ailes, le centre, les corps d'armée, les divisions, font toujours connaître les points sur lesquels ils se tiendront de leur personne.

S'ils changent de place, ils ne manquent jamais de laisser un officier ou un sous-officier au point qu'ils ont quitté pour indiquer la direction qu'ils ont prise.

Nous avons énuméré les règles générales d'après lesquelles doit être dirigé le combat.

Elles sont simples ; mais, de la théorie à la pratique,

*il y a loin, et c'est dans leur application sur le champ
de bataille que se révèlent les véritables hommes de
guerre.*

Pour faciliter la lecture et l'intelligence du texte, on a
joint ci-après, à titre d'indication générale, quelques exem-
ples de formations pour les grandes unités.

TABLE DES MATIÈRES

9 782329 681153